DISCOURS

PRONONCÉS SUR LA TOMBE

DE

M. ISIDORE GEOFFROY SAINT-HILAIRE

le 13 novembre 1861.

Paris. — Imprimerie de L. MARTINET, rue Mignon, 2.

DISCOURS

PRONONCÉS SUR LA TOMBE

DE

M. Isidore GEOFFROY SAINT-HILAIRE

LE 11 NOVEMBRE 1861.

Discours de M. Milne Edwards,

Président de l'Académie des sciences.

Messieurs,

Depuis le commencement du siècle les Geoffroy Saint-Hilaire sont comptés parmi les représentants les plus illustres des sciences zoologiques, et hier encore l'Académie se plaisait à voir l'héritier de ce grand nom occuper dans son sein une de ces places éminentes qui ne peuvent être conquises que par le mérite personnel. Les sentiments d'estime et d'amitié que nous inspiraient le caractère, les talents, les travaux du savant dont nous portons ici le deuil, s'associaient dans nos cœurs au souvenir que le génie de son père avait laissé parmi nous, et souvent, en entendant Isidore Geoffroy exposer en termes élégants, lucides et bien pondérés, les idées élevées que l'auteur de la *Philosophie anatomique* lui avait léguées, il nous semblait que l'esprit de ce penseur profond n'était pas mort avec lui, mais que, dégagé de toute entrave et revêtant une forme nouvelle, il s'avançait d'un pas plus rapide et plus sûr dans le chemin du vrai.

En effet, Isidore Geoffroy, sans négliger les travaux dont ses propres inspirations étaient l'unique source, s'est appliqué avec une rare persévérance à développer, à rendre saisissables pour toutes les intelligences, à perfectionner même les grandes vues théoriques de son père, et il n'a pas failli à cette tâche ardue. La piété filiale était un des traits les plus saillants de son caractère, et le culte qu'il rendait à la mémoire de son père lui a fait entreprendre une longue série d'ouvrages tous dignes du sentiment qui les dictait ainsi que de la pensée philosophique dont ils étaient l'expression. Notre regretté confrère était bien doué par la nature : son esprit droit, ferme et méditatif était mûri par l'étude ; il possédait à un haut degré l'art de l'exposition, et un concours de circonstances heureuses avait contribué à développer en lui l'amour de la science, et à faire aussi naître la pensée qui domina sa vie.

Né le 16 décembre 1805, et élevé au milieu des richesses scientifiques dont le Muséum d'histoire naturelle est dépositaire, Isidore Geoffroy avait à choisir sa carrière à l'époque où son père, arrivé à l'apogée de sa gloire, luttait avec le grand Cuvier et passionnait tous les esprits au sujet de questions abstraites qui jusqu'alors n'avaient été que timidement abordées dans l'enceinte étroite de quelques écoles.

Isidore, témoin de ces débats célèbres et nourri des idées du philosophe illustre qui cherchait à imprimer aux études zoologiques une direction nouvelle, ne pouvait y rester indifférent, et de bonne heure il devait se complaire dans la pensée d'être à son tour le défenseur et l'interprète des doctrines dont son père était un si vaillant champion. Depuis longtemps sa jeune imagination était d'ailleurs excitée et séduite par le spectacle varié des merveilles de la création, par la vue des triomphes de la science, et davantage encore peut-être par mille récits des conquêtes de l'intelligence accomplies au milieu du bruit des armes pendant cette mémorable campagne d'Égypte qui semble nous avoir ramené les temps héroïques de l'antiquité et qui était un sujet d'entretien inépuisable pour son père et pour ses amis. Il n'hésita donc pas à se consacrer aux études qui avaient jeté tant d'éclat sur le nom d'Étienne Geoffroy Saint-Hilaire, et quelques années plus tard lorsqu'il vit ce chef d'école, affaibli par les veilles plus que par l'âge, fléchir sous le poids qu'il avait à porter, Isidore comprit que son tour était venu pour entrer en lice, et qu'il lui appartenait de défendre le drapeau de son père.

Aussi, vers 1830, voyons-nous Isidore Geoffroy, après s'être exercé dans l'art d'observer par divers travaux descriptifs dont le mérite fut reconnu de tous les zoologistes, aborder une question d'anatomie philosophique non moins intéressante que vaste et difficile.

Depuis quelques années Étienne Geoffroy avait été conduit à penser que les anomalies de l'organisation animale, désignées communément sous le nom de *monstruosités*, ne pouvaient être, comme on le disait souvent, des effets du hasard, et devaient suivre des lois non moins absolues et générales que celles dont dépend le mode de structure normale de chaque espèce zoologique ; mais cette vue de l'esprit ne reposait encore que sur de faibles bases, lorsque Isidore Geoffroy entreprit la révision et la discussion de tous les faits de cette nature qui se trouvaient consignés dans les annales de la science. Il fit à ce sujet d'immenses recherches, et l'ouvrage dont il commença la publication en 1832 forme époque dans l'histoire de la tératologie. En effet, il y créa presque toute une branche nouvelle des sciences physiologiques, et il montra que les méthodes employées avec succès pour l'étude des animaux parfaits sont également applicables à celle des produits anormaux de la création.

Ce livre porta aussitôt Isidore Geoffroy Saint-Hilaire au premier rang parmi les naturalistes, et marqua sa place à l'Académie des sciences, où il vint s'asseoir en 1833, à côté de son illustre père, parmi les représentants de la zoologie en France.

Je ne passerai pas en revue tous les ouvrages dont notre illustre collègue a, depuis lors, enrichi la science ; la liste en serait trop longue pour pouvoir être lue ici. Les uns sont consacrés à la constatation et à la classification des faits particuliers, sans la connaissance précise desquels la zoologie n'aurait pas de base solide et deviendrait bientôt un chaos inabordable ; d'autres ont pour sujet l'examen de diverses questions des plus ardues et des plus vastes, telles que les caractères de l'espèce ou la valeur des méthodes scientifiques. Tous témoignent une profonde érudition et portent le cachet d'un esprit sage, élevé et généralisateur ; la pureté et l'élégance du style en rehaussent le mérite, et les nombreux amis des sciences apprendront avec regret qu'aujourd'hui son *Histoire générale des êtres organisés* ne saurait être achevée.

La vie trop courte de notre illustre confrère a été bien remplie. Son temps était partagé entre les devoirs de l'enseignement public, les investigations du zoologiste et les travaux destinés à étendre les bienfaits que la science peut rendre à l'humanité. D'autres voix vous raconteront ce qu'il a fait comme professeur et administrateur au Muséum d'histoire naturelle, où il remplaça son père en 1841 ; comme professeur à la Faculté des sciences où, dix ans plus tard, il succéda à Blainville, et comme fondateur de la Société zoologique d'acclimatation, qui date de 1854 ; mais j'ajouterai que, dans tous ces établissements, sa mort prématurée est un sujet de deuil profond, et sa mémoire restera vénérée.

En effet, ce n'est pas seulement le naturaliste célèbre dont nous déplorons aujourd'hui la perte. Isidore Geoffroy était aimé autant qu'estimé de tous ceux qui le connaissaient. Son cœur était bon, et le souvenir des services qu'il a rendus fera couler plus d'une larme sur les bords de sa tombe.

Pendant longtemps il avait eu tout ce qui peut contribuer le plus à rendre un homme heureux. Sa compagne charmait tous les cœurs par sa grâce tendre et délicate, sa bonté, la distinction de ses manières et l'élévation de son esprit ; ses enfants ne lui laissaient rien à désirer ; sa mère ne l'avait pas quitté ; ses nombreux amis lui prodiguaient des témoignages d'estime et d'affection ; enfin, il jouissait pleinement de la gloire de son père et il voyait chaque jour son nom grandir dans l'opinion publique. Mais une félicité si parfaite ne devait pas durer autant que lui. Il eut d'abord à sentir les longs déchirements que fait éprouver la vue des souffrances d'un être tendrement aimé dont on sait que les jours sont comptés ; puis il se trouva séparé de celle qu'il chérissait le plus en ce monde, et on le vit chercher dans un travail sans relâche l'oubli de ses peines ; mais rien ne pouvait effacer de sa pensée le souvenir de son bonheur perdu ; il usa ses forces, mais il ne guérit pas les blessures de son cœur. Enfin, sa constitution, minée par les fatigues et par le chagrin, n'a pu résister à un mal qui n'a paru être grave que dans les derniers jours de sa vie, et, le 10 novembre, il expira entre les bras de son fils, de sa fille et de sa vieille mère.

La veuve d'Étienne Geoffroy Saint-Hilaire a eu le triste privilége de survivre à son illustre mari et à tous ses enfants. Sous l'impression du coup suprême dont elle vient d'être frappée, son cœur doit être insensible aux choses de ce monde et n'aspirer qu'au moment où Dieu ne retiendra plus son âme loin des objets de ses plus chères affections. Mais si une douleur si grande pouvait être adoucie par des témoignages de sympathie, les consolations ne lui manqueraient pas, car tous les amis de la science réunis ici en foule, l'Institut de France, l'Université, le Muséum, tous les membres de la grande famille des hommes d'étude, partagent ses regrets ; son deuil est un deuil public, et dans ce moment solennel où la terre va recouvrir à jamais la dépouille mortelle de son fils et où la voix de la vérité peut seule se faire entendre, je ne crains pas de lui dire quel sera le jugement de la postérité : le nom d'Isidore Geoffroy Saint-Hilaire prendra place à côté de celui de son illustre père, et ne sera pas oublié tant que des esprits philosophiques cultiveront les sciences naturelles.

Adieu, Geoffroy ! espérons que ton fils unique marchera sur tes traces et ajoutera de nouveaux fleurons à la couronne que ton père t'avait léguée !

Discours de M. A. de Quatrefages,
Membre de l'Institut, professeur-administrateur au Muséum d'histoire naturelle.

Messieurs,

Chargé de rappeler ici ce que fut Isidore Geoffroy Saint-Hilaire comme professeur au Muséum, je m'efforcerai d'être court. Je ne sais rien de plus éloquent que la foule qui nous entoure et qui réunit des hommes de vies si diverses, d'occupations si différentes, surpris peut-être d'avoir à confondre sur une même tombe leurs larmes et leurs regrets.

Dès l'âge de dix-neuf ans, en 1824, Isidore Geoffroy devenait l'aide-naturaliste de son illustre père ; en 1837, il recevait le titre officiel de professeur suppléant. Quatre ans après (1841), Étienne Geoffroy Saint-Hilaire était exilé de sa chaire par une infirmité que la science semble se faire un jeu cruel d'infliger à ses plus dévoués soldats.

Comme Lamarck et Savigny, il était aveugle ; et si, plus heureux que ses deux émules, il put trouver dans sa famille d'ineffables consolations, il n'en fut pas moins comme perdu pour la science. Son fils fut alors nommé professeur titulaire. Cette qualité mit entre ses mains la Ménagerie, les galeries des oiseaux et des mammifères, et l'enseignement relatif à ces deux classes d'animaux. En d'autres termes, Isidore Geoffroy eut dès lors un matériel immense déjà et d'une double nature à surveiller et à accroître, une science à faire connaître et à vulgariser. Voyons-le dans ce double rôle.

Notre regretté collègue voyait dans le Muséum où s'était écoulée sa première enfance une seconde et presque sa plus chère patrie. L'amour filial ajoutait à la vivacité de ce sentiment. Continuer en tout l'œuvre de son père était à ses yeux plus qu'un bonheur ; c'était l'accomplissement d'un devoir. A ce double titre, l'accroissement des collections, le développement de ménagerie fondée par Étienne Geoffroy (1793), étaient pour lui l'objet d'une sollicitude constante. J'en ai trouvé la preuve à chaque page dans les lettres qu'il écrivait à celui qui fut l'aide aussi modeste que dévoué du père et du fils, à M. Florent Prévost. — Il écrivait de Douai : « J'ai enfin réussi cette fois à obtenir le Leptorhynque ! Voilà une grande lacune de moins dans collection. » — Il écrivait d'Hyères : « Quel malheur que notre ménagerie ne jouisse pas d'un climat comme celui-ci ! » Partout, dès qu'il s'agissait de ses galeries, il se faisait solliciteur. C'est ainsi qu'il suppléait à la modicité du budget alloué pour ces dépenses et amenait au Muséum ces dons nombreux, souvent d'une grande valeur, qu'il annonçait à ses collègues presque à chaque réunion. Laissons ici parler les chiffres. En 1828, on ne comptait au Muséum que 7500 sujets ; en 1835, ce chiffre s'élevait à 11,750 ; au mois d'août 1861, le nombre était de 15 500, et les magasins renfermaient en outre environ 12 000 peaux. Ajoutons que l'ordre le plus sévère a toujours régné au milieu de ces richesses sans cesse croissantes, grâce aux dispositions réglementaires à la fois simples et sages établies par Isidore Geoffroy, et qu'il savait rendre légères à tous ses subordonnés par une justice bienveillante, par son inaltérable bonté.

Ce qui se passait dans la collection des animaux morts se répétait à la ménagerie, la collection des animaux vivants. En 1824, Isidore Geoffroy la trouva composée de 283 oiseaux ou mammifères; en 1842, elle comptait 420 individus ; depuis 1850 elle s'est maintenue à un chiffre moyen de près de 900. Dans ce laps de temps, des reproductions nombreuses, dont plusieurs nouvelles sous notre climat, ont démontré la possibilité d'acclimater certains animaux exotiques ; des croisements variés entre des espèces, entre des races différentes, ont résolu quelques-uns des plus ardus problèmes de la physiologie générale. Pour qui connaît les difficultés résultant de l'exiguïté du local, de la nature du sol, de la parcimonie des budgets, ces résultats seront la démonstration la plus nette des soins de toute heure, qu'Isidore Geoffroy donnait à la ménagerie. Pour les obtenir, en effet, le savoir ne suffit pas ; il est nécessaire de joindre à cet indispensable élément de succès le sens pratique et l'aptitude à descendre à une infinité de détails d'où dépendent la santé, le bon état de ces espèces exotiques. Ici encore, pour montrer jusqu'à quel point Isidore Geoffroy possédait ces qualités, j'aimerais à reproduire quelques passages de la correspondance que je citais tout à l'heure ; mais le temps presse, et je dois me hâter.

La direction d'Isidore Geoffroy laissera au Jardin des plantes des traces ineffaçables. Elle a porté son influence au dehors même de cet établissement. Le Muséum, cette institution jusqu'ici unique dans le monde, reproduite, mais toujours partiellement chez presque tous les peuples civilisés, a enfanté les jardins zoologiques, imitations de sa ménagerie. A celle-ci se rattachent encore la Société d'acclimatation, qui compte aujourd'hui ses membres par milliers, et à laquelle se joignent les souverains, et le Jardin d'acclimatation qui sera au Jardin des plantes ce que la Société d'encouragement pour l'industrie est à l'Académie des sciences. A Isidore Geoffroy revient l'honneur de ces deux créations nouvelles, réalisation naturelle des pensées qu'exprimaient déjà Buffon et Daubenton ; et comme pour montrer la filiation que j'indique, les liens qui unissent ces trois institutions, toutes trois sont frappées du même coup. Isidore Geoffroy est mort directeur du Muséum, président de la Société d'acclimatation, président du Conseil du Jardin d'acclimatation.

Est-il nécessaire de rappeler avec quel tact, avec quelle connaissance parfaite des hommes et des choses il sut faire la part de ces trois corps qui l'avaien mis à leur tête, et transformer en occasions de bons services mutuels des circonstances qui auraient pu prêter à des accidents de rivalité ? Non, sans doute, et certainement ces relations si utiles à tous survivront à jamais à celui qui sut si bien les faire naître et les cimenter.

Je viens d'esquisser ce qu'était Isidore Geoffroy dans ce qu'on peut appeler la partie matérielle de ses attributions. Voyons-le maintenant comme professeur, comme savant. Ici le tableau change en grande partie, ou mieux se colore de teintes nouvelles. Sans doute, il a laissé plusieurs écrits conçus dans une direction tout utilitaire, et montré ainsi que pas plus que ses sœurs, la zoologie ne doit rester étrangère à qui s'occupe de l'aisance générale du bien-être matériel; sans doute dans la description de nombreuses espèces nouvelles, dans la caractérisation des genres et des autres groupes qu'il a rendu classiques, nous retrouvons l'homme précis, rigoureux, minutieux même quand il le faut; mais en général, dans ses écrits comme dans son enseignement, percent toujours des préoccupations élevées, des vues remarquablement larges, des pensées essentiellement philosophiques. Parfois le contrast est frappant, et à lui seul, il en dit plus que toutes les paroles. C'est le cache d'une intelligence complète que de pouvoir à la fois descendre aux dernier détails et d'atteindre aux grandes idées.

C'est à l'Athénée et dès 1830 qu'Isidore Geoffroy, déjà connu par de nombreuses publications, débuta comme professeur. Il y montra tout à la fois ses qualités et ses tendances. Dans cet esprit net et lucide les idées naissaient et se coordonnaient dans un ordre logique, aisé à suivre pour l'auditeur. La parole, toujours facile, était avant tout simple et claire; mais elle s'animait se colorait quand l'orateur abordait des sujets élevés; et alors des comparaisons heureuses, des images frappantes, résolvaient pour l'esprit le moin préparé les plus sérieuses difficultés de la science.

Dès ses premières leçons, Isidore Geoffroy se plaça sur le terrain de l zoologie générale. Par là il se rattachait à l'école philosophique française, cette grande école qui réunit à des titres divers, Buffon, Lamarck et Étienne Geoffroy. Les rapports fondamentaux des espèces animales entre elles et av le monde extérieur, tel est le sujet qu'abordait le jeune professeur de vingt cinq ans, et il ne se trouva pas au-dessous de sa tâche. C'est que déjà so intelligence était mûrie par la ténacité de réflexions embrassant constammen le même ordre d'idées et lui rattachant de près ou de loin à peu près tou les faits scientifiques qu'il apprenait ou découvrait.

Ces préoccupations du jeune homme, de l'adolescent, pourrait-on dire, on suivi l'homme fait dans toute sa carrière. On les retrouve jusque dans e courtes notes dont le sujet semble d'abord devoir leur être totalement étran ger; elles dominent tous les travaux importants d'Isidore Geoffroy; elles suivaient dans sa chaire et se faisaient jour à chaque instant. Plusieurs fo comme pour leur faire une part, notre collègue commença ses cours d'or thologie ou de mammalogie par des leçons consacrées à traiter quelque poi de zoologie générale. C'était là, en réalité, autant de chapitres isolés d'un ouvrage auquel il pensa toute sa vie, et dont il avait commencé la publication lorsque l'inexorable mort est venue le frapper.

Laissez-moi, messieurs, retenir un instant vos pensées sur ce livre, sur l'*Histoire naturelle générale des règnes organiques*. Son titre seul vous dit qu'en se mûrissant, la conception du jeune professeur de l'Athénée s'était élargie et complétée. C'est qu'en effet dans ces hautes régions de la science où se plaçait notre confrère, on ne saurait plus séparer impunément les êtres qu'unissent l'organisation et la vie. « Aux limites mêmes du règne animal, nous dit l'auteur dans sa préface, l'application de la méthode reste incomplète, les démonstrations pour la plupart inachevées, la synthèse seulement partielle. » Voilà pourquoi au lieu d'une *zoologie générale*, Isidore Geoffroy fut conduit, malgré ses efforts pour l'éviter, à entreprendre l'histoire générale des êtres organisés. Il s'était préparé à l'écrire pendant vingt-six ans, lorsque le premier volume parut en 1854. C'est là ce que l'auteur déclare dans sa préface ; et nous pouvons en croire sa parole, car un programme détaillé, une sorte de table analytique anticipée, ouvre ce premier volume, et prouve que l'ouvrage entier était arrêté et comme fait dans la tête de notre regretté confrère.

Voilà par-dessus tout peut-être pourquoi la mort d'Isidore Geoffroy est pour la science une perte irréparable. Il ne fallait rien moins que toute une vie pour préparer un semblable travail. Qui recommencera cette œuvre ?.... Au milieu des tourbillons qui nous entraînent tous, il est bien peu d'intelligences capables de rester fidèles à la même pensée pendant *vingt-six ans !*... Peu de savants sont placés dans les conditions nécessaires pour agir ainsi ; moins encore ont dès l'enfance à côté d'eux et sous la main tout ce qui peut éveiller, guider, éclairer leurs méditations. Isidore Geoffroy avait tout cela ; il en avait usé avec la hardiesse prudente dont il a si souvent donné la preuve. Ici, plutôt que partout ailleurs, peut-être il a fait preuve des qualités que j'indiquais tout à l'heure dans le choix des faits, dans la manière de les présenter, dans une argumentation sobre et logique. Aussi est-il bien difficile de ne pas accepter ses conclusions, et alors même qu'on est tenté d'en contester quelques-unes, il est impossible de ne pas reconnaître qu'elles reposent sur un savoir immense et vrai, coordonné par une raison des plus fermes, vivifié par des vues d'une incontestable profondeur.

L'*Histoire naturelle générale* est à peine parvenue au tiers de l'étendue qu'elle devait avoir, et pourtant elle n'en constitue pas moins pour Isidore Geoffroy, pour la France entière, un sérieux titre de gloire. Ainsi en ont jugé les étrangers eux-mêmes, qui s'empressaient de la faire passer dans leur langue, et dont la traduction arrivait lundi dernier à l'Académie comme un hommage rendu à cette tombe à peine ouverte !

Ce livre fait à son auteur une place à part, et lui assure en zoologie le titre de chef de l'école philosophique actuelle ; il met le fils non loin du père dans une des plus larges voies qu'ait ouvertes notre grand Buffon ; il est le fruit du développement graduel d'idées qui ont germé et ont grandi au Jardin des plantes. En outre, c'est surtout dans les galeries qu'il se plaisait à enrichir dans la ménagerie qui lui rappelait tant de souvenirs, qu'Isidore Geoffroy e avait recueilli les matériaux. Par toutes ses origines, l'*Histoire naturell générale* est donc un produit du Muséum. Voilà pourquoi j'en ai parlé d préférence, pourquoi, au risque d'aviver encore vos douleurs, j'ai voulu rappeler à vos mémoires au moment où nous disons à celui qui n'a p l'achever un cruel, un dernier adieu !

Discours de M. Delaunay,
Membre de l'Institut, professeur à la Faculté des sciences.

MESSIEURS,

Je viens, au nom de la Faculté des sciences, prendre part à l'expressio des regrets universels que cause la mort si prématurée de M. Isidore Geoffro Saint-Hilaire. Vous n'attendez pas de moi que j'essaye de faire ressortir l mérite des travaux scientifiques de notre excellent confrère ; je laisse d'autres voix plus autorisées que la mienne le soin de vous parler de se recherches si variées et si étendues, de ses publications si nombreuses et s importantes. Je me bornerai à vous rappeler en quelques mots les qualit du professeur éminent et de l'homme de cœur qui vient de nous être enlevé

Son père, le célèbre naturaliste Étienne Geoffroy Saint-Hilaire, habitai le Jardin des plantes où il avait créé la belle ménagerie que l'on y admire et où il occupait la chaire de zoologie. C'est là qu'est né M. Isidore Geoffroy le 16 décembre 1805 ; c'est là qu'il a passé sa vie presque tout entière grandissant d'abord dans la science, sous les yeux et la direction de l'illustr maître auquel il devait le jour, puis succédant à ce père vénéré dans l chaire de zoologie du Muséum ; c'est là enfin que nous venons de prendr sa dépouille mortelle pour la conduire à sa dernière demeure.

Le jeune Geoffroy consacra d'abord quelque temps à l'étude spéciale de sciences mathématiques. Il se plaît à rappeler cette circonstance dans se ouvrages, et lui attribue une heureuse influence sur l'esprit dans lequel il entrepris et exécuté ultérieurement ses divers travaux. Bientôt il quitta le mathématiques et s'adonna complétement à l'étude des sciences naturelles A dix-neuf ans, il était aide-naturaliste au Muséum ; à vingt-quatre ans, débutait dans l'enseignement public, et faisait dans ce même établissement l seconde partie du cours d'ornithologie, comme suppléant de son père ; vingt-sept ans, il entrait à l'Institut.

Permettez-moi, messieurs, à cette occasion, de rappeler une scène qu s'est passée lors de son élection à l'Académie des sciences. C'était le 15 avri 1833, Gay-Lussac présidait la séance ; à côté de lui, siégeait, comme vice président, le père du jeune candidat, Étienne Geoffroy Saint-Hilaire. Le bulletins de vote étant recueillis, Gay-Lussac les compte d'abord, suivan l'usage ; puis, au moment d'en faire le dépouillement, il s'arrête, et demand à l'Académie la permission de se faire remplacer au fauteuil de la présidenc par l'heureux père, son voisin : par une exquise délicatesse de sentiment, l'éminent physicien voulait procurer à Étienne Geoffroy le double bonheur de constater lui-même le triomphe de son fils, et de le proclamer l'élu de la savante compagnie. Je n'essayerai pas de dépeindre l'émotion produite dans toute l'assemblée par cette scène touchante.

La carrière universitaire de M. Isidore Geoffroy commença en 1837, époque à laquelle il fut chargé de suppléer son père à la Faculté des sciences de Paris. Bientôt, lors de la création de la Faculté des sciences de Bordeaux, il fut nommé professeur et doyen de cette Faculté ; puis il devint successivement inspecteur de l'Académie de Paris, inspecteur général de l'Université, et membre du Conseil royal de l'instruction publique. Enfin, en 1850, il obtint à la Faculté des sciences de Paris la chaire de zoologie vacante par la mort de Blainville, et ne tarda pas à se démettre des fonctions d'inspecteur général pour s'adonner exclusivement à son enseignement et à ses travaux scientifiques.

M. Isidore Geoffroy était un professeur des plus distingués. Il avait l'élocution facile, s'exprimait avec une gracieuse simplicité, sans aucune prétention à l'éloquence, et captivait l'attention de son auditoire à la fois par la clarté de ses explications et par l'art avec lequel il savait grouper les faits isolés autour des idées principales qu'il cherchait à mettre en lumière. Un des caractères saillants de son enseignement, c'est qu'il cherchait toujours à montrer le côté utile de la science qu'il professait ; en suivant cette voie, il n'a pas voulu s'arrêter en route, et il a été conduit à la fondation de la Société zoologique d'acclimatation, société qui, sous son impulsion, a pris si rapidement un développement considérable.

Étienne Geoffroy Saint-Hilaire, on le sait, avait eu en 1830, avec Cuvier, une célèbre discussion à laquelle tout le monde savant s'était vivement intéressé. M. Isidore Geoffroy, adoptant complétement les idées larges de la méthode synthétique que son père avait cherché à faire prévaloir, s'en constitua depuis le champion zélé et infatigable. Dans ses leçons, il ne négligeait aucune occasion pour appuyer la doctrine de son père. En agissant ainsi, il ne faisait qu'obéir aux convictions profondes qu'il s'était formées au sujet du célèbre débat que je viens de rappeler ; mais il était heureux que son opinion comme savant s'accordât avec les sentiments de son cœur, et il puisait dans ces sentiments de nouvelles forces, pour défendre ce que sa raison lui montrait comme étant l'expression de la vérité.

Ai-je besoin, messieurs, de vous dire combien les affections de famille étaient puissantes chez notre regrettable confrère ; combien surtout, dans ces derniers temps, il trouvait de ressources dans son cœur pour tâcher d'adoucir le cruel chagrin dont sa vénérable mère se voyait abreuvée ? Pauvre mère, qui a vu successivement s'éteindre près d'elle son mari et ses enfants ! Puisse-t-elle ne pas succomber à cette nouvelle épreuve, si terrible et si inattendue ! Puisse-t-elle du moins trouver quelque allégement à son immense douleur, en voyant combien la mort de son fils bien-aimé excite de regrets parmi nous tous !

Et nous qui avions le bonheur de le voir souvent de près et dans l'intimité; nous qui avions pu apprécier jusqu'à quel point étaient poussées chez lui à la fois les qualités du savant et celles de l'homme de bien, nous faisons en lui une perte irréparable ! Nous allons nous séparer à jamais de ses restes mortels ; mais son souvenir restera vivant dans nos cœurs ! Sa mémoire ne cessera de nous le présenter comme un modèle que tous, maîtres et élèves, ne sauraient trop s'efforcer d'imiter !

Adieu, cher confrère, adieu !

Discours de M. Robinet,
Président de l'Académie de médecine.

Messieurs,

L'Académie impériale de médecine aurait cru manquer à un devoir sacré si elle n'avait pas donné à l'un de ses représentants la mission d'apporter sur cette tombe l'expression de ses douloureux regrets.

Il y a moins de deux ans l'Académie écoutait avec respect l'éloge de l'illustre Étienne Geoffroy Saint-Hilaire, dans lequel son secrétaire perpétuel avait dépeint avec une vérité saisissante et un rare bonheur d'expressions les grandes qualités de l'émule, du rival de Cuvier.

Cet hommage ne devait pas être le seul rendu à la mémoire du savant naturaliste qui avait été notre collègue.

L'Académie de médecine, pour l'honorer une seconde fois, s'était empressée de s'associer son fils, M. Isidore Geoffroy, le digne successeur de ce beau nom.

Mais ce n'était pas seulement, hâtons-nous de le dire, parce qu'il s'appelait Geoffroy, que l'Académie avait donné au fils le fauteuil du père.

M. Isidore Geoffroy était un de ces hommes qui, par leurs immenses travaux scientifiques, se placent bientôt au premier rang, et pour lesquels l'illustration du nom est une noblesse qui oblige.

Personne n'avait mieux rempli ce devoir que notre regretté collègue, et l'histoire des sciences dira les deux Geoffroy, comme elle a dit les deux Pelletier, les Jussieu, les Richard.

Les travaux des Geoffroy avaient eu, surtout parmi nous, un grand retentissement.

La médecine est une de ces sciences complexes résultant de l'application judicieuse de toutes les connaissances humaines, et s'il était donné à un homme de tout savoir, afin qu'il puisse remplir sa mission, sans défaillances, sans méprises, c'est bien le médecin qui devrait être cet homme.

Sa vie est une vie de labeurs et d'études constantes. Jamais il ne croit avoir assez appris, et pour satisfaire ce besoin qui le tourmente, pour répondre à ce cri de sa conscience, il recherche avec ardeur les plus savants dans toutes les sciences, il s'attache à leurs pas et se suspend à leurs lèvres.

Tel est, messieurs, le sentiment qui porta l'Académie de médecine, dès son origine, à s'associer les maîtres de la science, les Jussieu, les Cuvier, les Geoffroy Saint-Hilaire, Arago, Gay-Lussac, Thenard.

M. Isidore Geoffroy était bien digne de l'une de ces places que les illustrations de la science avaient occupées.

Ses travaux si remarquables en zoologie, en tératologie et anthropologie lui donnaient des titres brillants à l'estime de l'Académie, et si nous avons considéré comme un honneur de le voir à nos côtés, M. Geoffroy ne témoignait pas moins, par une assiduité constante à nos séances, du prix qu'il attachait au titre de membre de l'Académie impériale de médecine.

C'est avec une profonde émotion que l'Académie a appris la grande perte qu'elle venait de faire.

Puisse cette imparfaite expression de ses regrets être du moins une preuve de la douleur qu'elle ressent.

L'Académie s'associe à l'affliction de la famille de M. Geoffroy et au deuil du monde savant, qui était aussi sa famille et dans laquelle il occupait une place si distinguée.

Adieu donc, cher et honoré collègue! Ton nom restera gravé dans notre mémoire et dans les fastes de l'Académie, à côté de celui de ton illustre père et parmi les noms les plus respectés. Adieu !

Discours de M. Drouyn de Lhuys,

Au nom de la Société impériale d'acclimatation et du Jardin d'acclimatation du Bois de Boulogne.

MESSIEURS,

Vice-président de la Société impériale d'acclimatation, j'ai voulu accompagner jusqu'à sa dernière demeure celui qui fut, pendant six années, mon collègue, c'est-à-dire mon ami : car avec Geoffroy Saint-Hilaire, ces deux titres étaient inséparables ; sa bienveillance sympathique transformait en amitié durable une simple collaboration. Il est ici quelqu'un dont je semble usurper la place, et qui pourrait mieux que moi vous le dire, puisqu'il a été le promoteur ou le confident de ses premiers desseins : M. le comte d'Eprémesnil, secrétaire général de notre Société.

Dans les âmes d'élite, le même foyer produit la lumière de la pensée et la chaleur du sentiment : c'est là leur gloire et la cause de leur puissance ; mais trop souvent aussi, c'est l'écueil auquel vient se briser la fragilité humaine. La plus riche nature s'épuise bientôt en prodiguant tous les trésors de l'esprit et du cœur.

Combien de fois avons-nous admiré dans notre président cette infatigable activité qui tour à tour s'élevait aux plus hautes généralités de la science et descendait aux plus minutieux détails de l'administration ; cette indomptable ardeur que le succès n'a jamais attiédie et que le revers n'a jamais éteinte ; cet habile maniement des hommes qui savait exiger sans violence et transiger sans faiblesse ; ces ménagements si délicats et si ingénieux qui conduisaient au but sans froisser personne et sans rien heurter sur sa route ; enfin cette exactitude, cette ponctualité qui fait chaque chose en son temps, met chaque chose à sa place, condense en quelque sorte la vie et en double la durée parce qu'elle supprime les lacunes !

Ces éminentes qualités, qui faisaient le charme et le succès de notre association, étaient-elles seulement l'émanation d'une grande intelligence ? Non, messieurs, elles étaient surtout l'inspiration d'un bon cœur. Isidore avait adopté la devise d'Etienne : *Utilitati*. Dans son ardent amour de l'humanité, il voulait, suivant la belle parole de Fénelon, que la nature élargît ses entrailles, pour être plus féconde et multiplier les produits destinés à la subsistance et au bien-être de l'homme. Ainsi interprétée, cette devise marque un noble but ; car, s'il est vrai que, restreinte à l'individu, la recherche de l'utile constitue souvent un vice flétrissant et stérile que l'on nomme l'égoïsme, appliquée à l'humanité entière, elle devient une vertu que la religion consacre sous le nom de charité.

Voilà pourquoi Geoffroy Saint-Hilaire voulait que la science descendît sur la terre, qu'elle se fît chair et qu'elle habitât parmi nous. Suivant lui, la vraie science n'est point comme ces soleils de théâtre qui brillent sans échauffer. L'arbre qu'elle cultive peut porter sa tête dans les cieux, pourvu que les rameaux laissent tomber sur la terre des fruits abondants.

Telle est la pensée qui l'inspirait, lorsqu'il jetait les fondements de la Société d'acclimatation et qu'il traçait le plan du jardin zoologique du bois de Boulogne. Permettez-moi, messieurs, de le dire avec un sentiment de reconnaissance et d'orgueil : c'était son œuvre de prédilection. Il n'y a pas un mois, sentant sa fin prochaine, il se fit porter chez son fils, près de ce jardin auquel il voulait dire un adieu suprême. C'est là que, pour la dernière fois, ses yeux presque mourants contemplèrent cette belle nature qu'il avait tant aimée.

N'oublions pas, messieurs, cette muette recommandation ; que ce legs nous soit sacré. Souvenons-nous que c'est en continuant leurs œuvres qu'on honore le mieux la mémoire des hommes illustres.

Discours de M. Pasteur,

au nom de la Société de secours des amis des sciences.

MESSIEURS,

Vous connaissez cette institution de secours mutuels si jeune et déjà si prospère, léguée comme un pieux héritage à tous les savants, par la bonté de M. Thenard.

Après tout ce que vous venez d'apprendre, après tout ce que vous saviez déjà des vertus publiques et privées de M. Isidore Geoffroy Saint-Hilaire, ai-je besoin de vous dire que la Société de secours des amis des sciences pleure en lui l'un de ses membres les plus vigilants ? Ai-je besoin de vous que, l'un des premiers, il s'associa aux pensées généreuses de son fondateur, avec cette chaleur de cœur et cet amour passionné de la science dont la noble vie de son père l'avait comme embrasé ?

Il était si bien le digne fils de cet illustre père ! il y avait entre eux une si parfaite communion de pensées et d'aspirations vers tout ce qui peut honorer l'humanité et agrandir les conquêtes de la science ! Oserai-je vous rappeler ici un des traits de leur tendre affection ? Beaucoup parmi vous, messieurs, ont eu le triste honneur d'assister, à cette place même, il y a dix-sept ans, aux funérailles d'Étienne Geoffroy Saint-Hilaire. Je serais bien surpris si leurs cœurs n'étaient pas remplis en ce moment du souvenir de l'immense douleur que pouvait à peine contenir son malheureux fils. Pour moi, je le vois encore se jetant tout en pleurs dans les bras de ceux qui venaient de célébrer les vertus et le génie de son père, éprouvant cette sorte de vertige qui nous pousserait tout vivants dans la tombe de ceux que nous chérissons.

Ai-je besoin également, messieurs, de vous dire que l'esprit orné de M. Isidore Geoffroy Saint-Hilaire, aussi supérieur dans le salon de l'homme du monde que dans sa chaire de naturaliste, savait partout rendre la science aimable, et était à ce titre l'un des meilleurs et des plus naturels soutiens de l'institution fondée par M. Thenard.

Bientôt les membres du conseil de la Société de secours des amis des sciences s'assembleront sous la présidence aimée de l'illustre maréchal qui, depuis la mort de M. Thenard, veille à la prospérité de leur œuvre. Quelle sera pénible leur émotion, en revoyant inoccupée cette place où naguère venait s'asseoir avec tant d'exactitude l'homme de bien qu'ils accompagnent aujourd'hui à sa dernière demeure. Et dans ces touchantes délibérations sur des infortunes presque saintes, combien de fois ils regretteront cette parole lucide et persuasive toute pleine des accents d'une âme loyale et généreuse.

Discours du docteur Auzias-Turenne (1).

C'est comme ami d'Isidore Geoffroy Saint-Hilaire que j'apporte ici mon tribut d'hommages et de regrets. Etienne Geoffroy Saint-Hilaire, aussi distingué par la bonté de son cœur que grand par son génie, m'avait ouvert l'accès du foyer de sa famille. C'est en fréquentant cette famille d'élite que j'ai apprécié tout ce qu'il y avait d'élévation dans l'âme d'Isidore Geoffroy Saint-Hilaire.

Je ne parlerai pas des qualités d'esprit de celui que nous pleurons, pour dire ce que d'autres ont si bien exprimé.

Je ne dirai rien de son caractère si honoré. Que d'indépendance dans ses opinions ! Que de fidélité à ses principes ! Que de droiture, que de réserve et de modestie dans sa conduite ! Que d'empressement à être utile ! Que de

(1) L'émotion de M. Auzias-Turenne ne lui a pas permis de lire ce discours.

délicatesse il avait alors dans ses procédés ! Combien de fois n'a-t-il pas doublé la valeur d'un service ou d'un bienfait, en laissant ignorer sa généreuse intervention !

Tant de générosité et de délicatesse n'excluaient pas chez lui la fermeté de l'homme public, quand il s'agissait de remplir un devoir. Dans ces cas, la sévérité lui coûtait, et il était ingénieux pour tempérer la rigueur d'un refus ou pour amortir les conséquences d'un acte d'autorité devenu nécessaire.

Mais, voici peut-être ce qu'il y avait de moins généralement connu dans cet homme de bien. L'âme ne s'ouvre tout entière que dans les relations les plus intimes, et encore faut-il quelquefois lui surprendre son secret, car plus un sentiment est profond, plus celui qui l'éprouve a de peine à l'exprimer au dehors. Isidore Geoffroy Saint-Hilaire conservait au fond du cœur un irrémédiable tourment, depuis la mort d'une compagne adorée et digne de l'être. Des confidences à la fois cruelles et douces auraient pu sans doute soulager ce cœur déchiré, mais Geoffroy s'épargnait à lui-même, en l'épargnant aux autres, la douleur de toucher une plaie toujours vive et pleine d'angoisses.

Les seules diversions de son chagrin auxquelles il ait voulu consentir, ont consisté dans un travail de tous les jours, de tous les moments. Son existence s'est ainsi vitement épuisée par les deux pôles, le cœur et la tête.

L'agonie d'Isidore Geoffroy Saint-Hilaire a été précédée de quelques lueurs vacillantes d'une pensée toujours noble, même en s'éteignant. C'est ainsi que se sont manifestées jusqu'au dernier souffle l'élévation d'esprit et la grandeur d'âme de celui qui fut un savant éminent, et le meilleur des hommes.

Adieu donc, excellent ami, nous te conserverons dans nos cœurs un souvenir pieux à côté de celui de ton père illustre et bon, à côté de celui de ta femme et de ta sœur, si aimantes et si aimées.

Ce souvenir, nous le réchaufferons au foyer de ceux des tiens qui nous restent, à ce foyer dont ta courageuse, ta vénérée mère sera le centre, elle qui a été la compagne pendant quarante ans de l'homme de génie dont tu as continué la gloire et légué la pensée à ton fils..... Adieu !...

www.ingramcontent.com/pod-product-compliance
Lightning Source LLC
Chambersburg PA
CBHW070535050426
42451CB00013B/3020